RESERVATION RESTAURANT

POUR:..
....
....

TEL :..
....
....

EMAIL :..
....
....

AUTRES :..
....
....
....
....
....
....
....
....
....
....
....
....
....
....
....
....
....

DATE: ………..... …………

	HEURE	NOMBRE DE PERSONNES	NOM	TABLE	TEL	NOTES
1						
2						
3						
4						
5						
6						
7						
8						
9						
10						
11						
12						
13						
14						
15						
16						
17						
18						
19						
20						
21						
22						
23						
24						
25						
26						
27						

DATE: ………..... …………

	HEURE	NOMBRE DE PERSONNES	NOM	TABLE	TEL	NOTES
1						
2						
3						
4						
5						
6						
7						
8						
9						
10						
11						
12						
13						
14						
15						
16						
17						
18						
19						
20						
21						
22						
23						
24						
25						
26						
27						

DATE: ………..... …………

	HEURE	NOMBRE DE PERSONNES	NOM	TABLE	TEL	NOTES
1						
2						
3						
4						
5						
6						
7						
8						
9						
10						
11						
12						
13						
14						
15						
16						
17						
18						
19						
20						
21						
22						
23						
24						
25						
26						
27						

DATE: ………..… …………

	HEURE	NOMBRE DE PERSONNES	NOM	TABLE	TEL	NOTES
1						
2						
3						
4						
5						
6						
7						
8						
9						
10						
11						
12						
13						
14						
15						
16						
17						
18						
19						
20						
21						
22						
23						
24						
25						
26						
27						

DATE: …………..... …………

	HEURE	NOMBRE DE PERSONNES	NOM	TABLE	TEL	NOTES
1						
2						
3						
4						
5						
6						
7						
8						
9						
10						
11						
12						
13						
14						
15						
16						
17						
18						
19						
20						
21						
22						
23						
24						
25						
26						
27						

DATE: ………..... …………

	HEURE	NOMBRE DE PERSONNES	NOM	TABLE	TEL	NOTES
1						
2						
3						
4						
5						
6						
7						
8						
9						
10						
11						
12						
13						
14						
15						
16						
17						
18						
19						
20						
21						
22						
23						
24						
25						
26						
27						

DATE: ………..... …………

	HEURE	NOMBRE DE PERSONNES	NOM	TABLE	TEL	NOTES
1						
2						
3						
4						
5						
6						
7						
8						
9						
10						
11						
12						
13						
14						
15						
16						
17						
18						
19						
20						
21						
22						
23						
24						
25						
26						
27						

DATE: ………..... …………

	HEURE	NOMBRE DE PERSONNES	NOM	TABLE	TEL	NOTES
1						
2						
3						
4						
5						
6						
7						
8						
9						
10						
11						
12						
13						
14						
15						
16						
17						
18						
19						
20						
21						
22						
23						
24						
25						
26						
27						

DATE: ……….…. …………

	HEURE	NOMBRE DE PERSONNES	NOM	TABLE	TEL	NOTES
1						
2						
3						
4						
5						
6						
7						
8						
9						
10						
11						
12						
13						
14						
15						
16						
17						
18						
19						
20						
21						
22						
23						
24						
25						
26						
27						

DATE: …………..... …………

	HEURE	NOMBRE DE PERSONNES	NOM	TABLE	TEL	NOTES
1						
2						
3						
4						
5						
6						
7						
8						
9						
10						
11						
12						
13						
14						
15						
16						
17						
18						
19						
20						
21						
22						
23						
24						
25						
26						
27						

DATE: ………..... …………

	HEURE	NOMBRE DE PERSONNES	NOM	TABLE	TEL	NOTES
1						
2						
3						
4						
5						
6						
7						
8						
9						
10						
11						
12						
13						
14						
15						
16						
17						
18						
19						
20						
21						
22						
23						
24						
25						
26						
27						

DATE: ………..... …………

	HEURE	NOMBRE DE PERSONNES	NOM	TABLE	TEL	NOTES
1						
2						
3						
4						
5						
6						
7						
8						
9						
10						
11						
12						
13						
14						
15						
16						
17						
18						
19						
20						
21						
22						
23						
24						
25						
26						
27						

DATE: ………..... …………

	HEURE	NOMBRE DE PERSONNES	NOM	TABLE	TEL	NOTES
1						
2						
3						
4						
5						
6						
7						
8						
9						
10						
11						
12						
13						
14						
15						
16						
17						
18						
19						
20						
21						
22						
23						
24						
25						
26						
27						

DATE: ………..... …………

	HEURE	NOMBRE DE PERSONNES	NOM	TABLE	TEL	NOTES
1						
2						
3						
4						
5						
6						
7						
8						
9						
10						
11						
12						
13						
14						
15						
16						
17						
18						
19						
20						
21						
22						
23						
24						
25						
26						
27						

DATE: ………..... …………

	HEURE	NOMBRE DE PERSONNES	NOM	TABLE	TEL	NOTES
1						
2						
3						
4						
5						
6						
7						
8						
9						
10						
11						
12						
13						
14						
15						
16						
17						
18						
19						
20						
21						
22						
23						
24						
25						
26						
27						

DATE: ………..... …………

	HEURE	NOMBRE DE PERSONNES	NOM	TABLE	TEL	NOTES
1						
2						
3						
4						
5						
6						
7						
8						
9						
10						
11						
12						
13						
14						
15						
16						
17						
18						
19						
20						
21						
22						
23						
24						
25						
26						
27						

DATE: ………..... …………

	HEURE	NOMBRE DE PERSONNES	NOM	TABLE	TEL	NOTES
1						
2						
3						
4						
5						
6						
7						
8						
9						
10						
11						
12						
13						
14						
15						
16						
17						
18						
19						
20						
21						
22						
23						
24						
25						
26						
27						

DATE: ………..… …………

	HEURE	NOMBRE DE PERSONNES	NOM	TABLE	TEL	NOTES
1						
2						
3						
4						
5						
6						
7						
8						
9						
10						
11						
12						
13						
14						
15						
16						
17						
18						
19						
20						
21						
22						
23						
24						
25						
26						
27						

DATE: ………..... …………

	HEURE	NOMBRE DE PERSONNES	NOM	TABLE	TEL	NOTES
1						
2						
3						
4						
5						
6						
7						
8						
9						
10						
11						
12						
13						
14						
15						
16						
17						
18						
19						
20						
21						
22						
23						
24						
25						
26						
27						

DATE: ………..... …………

	HEURE	NOMBRE DE PERSONNES	NOM	TABLE	TEL	NOTES
1						
2						
3						
4						
5						
6						
7						
8						
9						
10						
11						
12						
13						
14						
15						
16						
17						
18						
19						
20						
21						
22						
23						
24						
25						
26						
27						

DATE: ………..... …………

	HEURE	NOMBRE DE PERSONNES	NOM	TABLE	TEL	NOTES
1						
2						
3						
4						
5						
6						
7						
8						
9						
10						
11						
12						
13						
14						
15						
16						
17						
18						
19						
20						
21						
22						
23						
24						
25						
26						
27						

DATE: ………..... …………

	HEURE	NOMBRE DE PERSONNES	NOM	TABLE	TEL	NOTES
1						
2						
3						
4						
5						
6						
7						
8						
9						
10						
11						
12						
13						
14						
15						
16						
17						
18						
19						
20						
21						
22						
23						
24						
25						
26						
27						

DATE: ……….... …………

	HEURE	NOMBRE DE PERSONNES	NOM	TABLE	TEL	NOTES
1						
2						
3						
4						
5						
6						
7						
8						
9						
10						
11						
12						
13						
14						
15						
16						
17						
18						
19						
20						
21						
22						
23						
24						
25						
26						
27						

DATE: ………..... …………

	HEURE	NOMBRE DE PERSONNES	NOM	TABLE	TEL	NOTES
1						
2						
3						
4						
5						
6						
7						
8						
9						
10						
11						
12						
13						
14						
15						
16						
17						
18						
19						
20						
21						
22						
23						
24						
25						
26						
27						

DATE: ………..... …………

	HEURE	NOMBRE DE PERSONNES	NOM	TABLE	TEL	NOTES
1						
2						
3						
4						
5						
6						
7						
8						
9						
10						
11						
12						
13						
14						
15						
16						
17						
18						
19						
20						
21						
22						
23						
24						
25						
26						
27						

DATE: …………..... …………

	HEURE	NOMBRE DE PERSONNES	NOM	TABLE	TEL	NOTES
1						
2						
3						
4						
5						
6						
7						
8						
9						
10						
11						
12						
13						
14						
15						
16						
17						
18						
19						
20						
21						
22						
23						
24						
25						
26						
27						

DATE: ………..... …………

	HEURE	NOMBRE DE PERSONNES	NOM	TABLE	TEL	NOTES
1						
2						
3						
4						
5						
6						
7						
8						
9						
10						
11						
12						
13						
14						
15						
16						
17						
18						
19						
20						
21						
22						
23						
24						
25						
26						
27						

DATE: …………..... …………

	HEURE	NOMBRE DE PERSONNES	NOM	TABLE	TEL	NOTES
1						
2						
3						
4						
5						
6						
7						
8						
9						
10						
11						
12						
13						
14						
15						
16						
17						
18						
19						
20						
21						
22						
23						
24						
25						
26						
27						

DATE: …………..... …………

	HEURE	NOMBRE DE PERSONNES	NOM	TABLE	TEL	NOTES
1						
2						
3						
4						
5						
6						
7						
8						
9						
10						
11						
12						
13						
14						
15						
16						
17						
18						
19						
20						
21						
22						
23						
24						
25						
26						
27						

DATE: ………..… …………

	HEURE	NOMBRE DE PERSONNES	NOM	TABLE	TEL	NOTES
1						
2						
3						
4						
5						
6						
7						
8						
9						
10						
11						
12						
13						
14						
15						
16						
17						
18						
19						
20						
21						
22						
23						
24						
25						
26						
27						

DATE: ………..... …………

	HEURE	NOMBRE DE PERSONNES	NOM	TABLE	TEL	NOTES
1						
2						
3						
4						
5						
6						
7						
8						
9						
10						
11						
12						
13						
14						
15						
16						
17						
18						
19						
20						
21						
22						
23						
24						
25						
26						
27						

DATE: ………..… …………

	HEURE	NOMBRE DE PERSONNES	NOM	TABLE	TEL	NOTES
1						
2						
3						
4						
5						
6						
7						
8						
9						
10						
11						
12						
13						
14						
15						
16						
17						
18						
19						
20						
21						
22						
23						
24						
25						
26						
27						

DATE: ………..... …………

	HEURE	NOMBRE DE PERSONNES	NOM	TABLE	TEL	NOTES
1						
2						
3						
4						
5						
6						
7						
8						
9						
10						
11						
12						
13						
14						
15						
16						
17						
18						
19						
20						
21						
22						
23						
24						
25						
26						
27						

DATE: ………..... …………

	HEURE	NOMBRE DE PERSONNES	NOM	TABLE	TEL	NOTES
1						
2						
3						
4						
5						
6						
7						
8						
9						
10						
11						
12						
13						
14						
15						
16						
17						
18						
19						
20						
21						
22						
23						
24						
25						
26						
27						

DATE: ………..... …………

	HEURE	NOMBRE DE PERSONNES	NOM	TABLE	TEL	NOTES
1						
2						
3						
4						
5						
6						
7						
8						
9						
10						
11						
12						
13						
14						
15						
16						
17						
18						
19						
20						
21						
22						
23						
24						
25						
26						
27						

DATE: ………..... …………

	HEURE	NOMBRE DE PERSONNES	NOM	TABLE	TEL	NOTES
1						
2						
3						
4						
5						
6						
7						
8						
9						
10						
11						
12						
13						
14						
15						
16						
17						
18						
19						
20						
21						
22						
23						
24						
25						
26						
27						

DATE: ………..... …………

	HEURE	NOMBRE DE PERSONNES	NOM	TABLE	TEL	NOTES
1						
2						
3						
4						
5						
6						
7						
8						
9						
10						
11						
12						
13						
14						
15						
16						
17						
18						
19						
20						
21						
22						
23						
24						
25						
26						
27						

DATE: ………..... …………

	HEURE	NOMBRE DE PERSONNES	NOM	TABLE	TEL	NOTES
1						
2						
3						
4						
5						
6						
7						
8						
9						
10						
11						
12						
13						
14						
15						
16						
17						
18						
19						
20						
21						
22						
23						
24						
25						
26						
27						

DATE: ………..... …………

	HEURE	NOMBRE DE PERSONNES	NOM	TABLE	TEL	NOTES
1						
2						
3						
4						
5						
6						
7						
8						
9						
10						
11						
12						
13						
14						
15						
16						
17						
18						
19						
20						
21						
22						
23						
24						
25						
26						
27						

DATE: ………..... …………

	HEURE	NOMBRE DE PERSONNES	NOM	TABLE	TEL	NOTES
1						
2						
3						
4						
5						
6						
7						
8						
9						
10						
11						
12						
13						
14						
15						
16						
17						
18						
19						
20						
21						
22						
23						
24						
25						
26						
27						

DATE: ………..... …………

	HEURE	NOMBRE DE PERSONNES	NOM	TABLE	TEL	NOTES
1						
2						
3						
4						
5						
6						
7						
8						
9						
10						
11						
12						
13						
14						
15						
16						
17						
18						
19						
20						
21						
22						
23						
24						
25						
26						
27						

DATE: ………..... …………

	HEURE	NOMBRE DE PERSONNES	NOM	TABLE	TEL	NOTES
1						
2						
3						
4						
5						
6						
7						
8						
9						
10						
11						
12						
13						
14						
15						
16						
17						
18						
19						
20						
21						
22						
23						
24						
25						
26						
27						

DATE: ………..... …………

	HEURE	NOMBRE DE PERSONNES	NOM	TABLE	TEL	NOTES
1						
2						
3						
4						
5						
6						
7						
8						
9						
10						
11						
12						
13						
14						
15						
16						
17						
18						
19						
20						
21						
22						
23						
24						
25						
26						
27						

DATE: …………..… …………

	HEURE	NOMBRE DE PERSONNES	NOM	TABLE	TEL	NOTES
1						
2						
3						
4						
5						
6						
7						
8						
9						
10						
11						
12						
13						
14						
15						
16						
17						
18						
19						
20						
21						
22						
23						
24						
25						
26						
27						

DATE: ………..... …………

	HEURE	NOMBRE DE PERSONNES	NOM	TABLE	TEL	NOTES
1						
2						
3						
4						
5						
6						
7						
8						
9						
10						
11						
12						
13						
14						
15						
16						
17						
18						
19						
20						
21						
22						
23						
24						
25						
26						
27						

DATE: ……….….. …………

	HEURE	NOMBRE DE PERSONNES	NOM	TABLE	TEL	NOTES
1						
2						
3						
4						
5						
6						
7						
8						
9						
10						
11						
12						
13						
14						
15						
16						
17						
18						
19						
20						
21						
22						
23						
24						
25						
26						
27						

DATE: ………..... …………

	HEURE	NOMBRE DE PERSONNES	NOM	TABLE	TEL	NOTES
1						
2						
3						
4						
5						
6						
7						
8						
9						
10						
11						
12						
13						
14						
15						
16						
17						
18						
19						
20						
21						
22						
23						
24						
25						
26						
27						

DATE: ....

	HEURE	NOMBRE DE PERSONNES	NOM	TABLE	TEL	NOTES
1						
2						
3						
4						
5						
6						
7						
8						
9						
10						
11						
12						
13						
14						
15						
16						
17						
18						
19						
20						
21						
22						
23						
24						
25						
26						
27						

DATE: ………..… …………

	HEURE	NOMBRE DE PERSONNES	NOM	TABLE	TEL	NOTES
1						
2						
3						
4						
5						
6						
7						
8						
9						
10						
11						
12						
13						
14						
15						
16						
17						
18						
19						
20						
21						
22						
23						
24						
25						
26						
27						

DATE: ....

	HEURE	NOMBRE DE PERSONNES	NOM	TABLE	TEL	NOTES
1						
2						
3						
4						
5						
6						
7						
8						
9						
10						
11						
12						
13						
14						
15						
16						
17						
18						
19						
20						
21						
22						
23						
24						
25						
26						
27						

DATE: ………....   …………

	HEURE	NOMBRE DE PERSONNES	NOM	TABLE	TEL	NOTES
1						
2						
3						
4						
5						
6						
7						
8						
9						
10						
11						
12						
13						
14						
15						
16						
17						
18						
19						
20						
21						
22						
23						
24						
25						
26						
27						

DATE: ………..... …………

	HEURE	NOMBRE DE PERSONNES	NOM	TABLE	TEL	NOTES
1						
2						
3						
4						
5						
6						
7						
8						
9						
10						
11						
12						
13						
14						
15						
16						
17						
18						
19						
20						
21						
22						
23						
24						
25						
26						
27						

DATE: ………..… …………

	HEURE	NOMBRE DE PERSONNES	NOM	TABLE	TEL	NOTES
1						
2						
3						
4						
5						
6						
7						
8						
9						
10						
11						
12						
13						
14						
15						
16						
17						
18						
19						
20						
21						
22						
23						
24						
25						
26						
27						

DATE: ………..... …………

	HEURE	NOMBRE DE PERSONNES	NOM	TABLE	TEL	NOTES
1						
2						
3						
4						
5						
6						
7						
8						
9						
10						
11						
12						
13						
14						
15						
16						
17						
18						
19						
20						
21						
22						
23						
24						
25						
26						
27						

DATE: ………..... …………

	HEURE	NOMBRE DE PERSONNES	NOM	TABLE	TEL	NOTES
1						
2						
3						
4						
5						
6						
7						
8						
9						
10						
11						
12						
13						
14						
15						
16						
17						
18						
19						
20						
21						
22						
23						
24						
25						
26						
27						

DATE: ………..… …………

	HEURE	NOMBRE DE PERSONNES	NOM	TABLE	TEL	NOTES
1						
2						
3						
4						
5						
6						
7						
8						
9						
10						
11						
12						
13						
14						
15						
16						
17						
18						
19						
20						
21						
22						
23						
24						
25						
26						
27						

DATE: ………..… …………

	HEURE	NOMBRE DE PERSONNES	NOM	TABLE	TEL	NOTES
1						
2						
3						
4						
5						
6						
7						
8						
9						
10						
11						
12						
13						
14						
15						
16						
17						
18						
19						
20						
21						
22						
23						
24						
25						
26						
27						

DATE: ………..... …………

	HEURE	NOMBRE DE PERSONNES	NOM	TABLE	TEL	NOTES
1						
2						
3						
4						
5						
6						
7						
8						
9						
10						
11						
12						
13						
14						
15						
16						
17						
18						
19						
20						
21						
22						
23						
24						
25						
26						
27						

DATE: ………..... …………

	HEURE	NOMBRE DE PERSONNES	NOM	TABLE	TEL	NOTES
1						
2						
3						
4						
5						
6						
7						
8						
9						
10						
11						
12						
13						
14						
15						
16						
17						
18						
19						
20						
21						
22						
23						
24						
25						
26						
27						

DATE: ………..... …………

	HEURE	NOMBRE DE PERSONNES	NOM	TABLE	TEL	NOTES
1						
2						
3						
4						
5						
6						
7						
8						
9						
10						
11						
12						
13						
14						
15						
16						
17						
18						
19						
20						
21						
22						
23						
24						
25						
26						
27						

DATE: ………..... …………

	HEURE	NOMBRE DE PERSONNES	NOM	TABLE	TEL	NOTES
1						
2						
3						
4						
5						
6						
7						
8						
9						
10						
11						
12						
13						
14						
15						
16						
17						
18						
19						
20						
21						
22						
23						
24						
25						
26						
27						

DATE: ………..... …………

	HEURE	NOMBRE DE PERSONNES	NOM	TABLE	TEL	NOTES
1						
2						
3						
4						
5						
6						
7						
8						
9						
10						
11						
12						
13						
14						
15						
16						
17						
18						
19						
20						
21						
22						
23						
24						
25						
26						
27						

DATE: ………..... …………

	HEURE	NOMBRE DE PERSONNES	NOM	TABLE	TEL	NOTES
1						
2						
3						
4						
5						
6						
7						
8						
9						
10						
11						
12						
13						
14						
15						
16						
17						
18						
19						
20						
21						
22						
23						
24						
25						
26						
27						

DATE: …………..... …………

	HEURE	NOMBRE DE PERSONNES	NOM	TABLE	TEL	NOTES
1						
2						
3						
4						
5						
6						
7						
8						
9						
10						
11						
12						
13						
14						
15						
16						
17						
18						
19						
20						
21						
22						
23						
24						
25						
26						
27						

DATE: ………..... …………

	HEURE	NOMBRE DE PERSONNES	NOM	TABLE	TEL	NOTES
1						
2						
3						
4						
5						
6						
7						
8						
9						
10						
11						
12						
13						
14						
15						
16						
17						
18						
19						
20						
21						
22						
23						
24						
25						
26						
27						

DATE: ………..... …………

	HEURE	NOMBRE DE PERSONNES	NOM	TABLE	TEL	NOTES
1						
2						
3						
4						
5						
6						
7						
8						
9						
10						
11						
12						
13						
14						
15						
16						
17						
18						
19						
20						
21						
22						
23						
24						
25						
26						
27						

DATE: ………..... …………

	HEURE	NOMBRE DE PERSONNES	NOM	TABLE	TEL	NOTES
1						
2						
3						
4						
5						
6						
7						
8						
9						
10						
11						
12						
13						
14						
15						
16						
17						
18						
19						
20						
21						
22						
23						
24						
25						
26						
27						

DATE: ………..... …………

	HEURE	NOMBRE DE PERSONNES	NOM	TABLE	TEL	NOTES
1						
2						
3						
4						
5						
6						
7						
8						
9						
10						
11						
12						
13						
14						
15						
16						
17						
18						
19						
20						
21						
22						
23						
24						
25						
26						
27						

DATE: ………..… …………

	HEURE	NOMBRE DE PERSONNES	NOM	TABLE	TEL	NOTES
1						
2						
3						
4						
5						
6						
7						
8						
9						
10						
11						
12						
13						
14						
15						
16						
17						
18						
19						
20						
21						
22						
23						
24						
25						
26						
27						

DATE: ………..… …………

	HEURE	NOMBRE DE PERSONNES	NOM	TABLE	TEL	NOTES
1						
2						
3						
4						
5						
6						
7						
8						
9						
10						
11						
12						
13						
14						
15						
16						
17						
18						
19						
20						
21						
22						
23						
24						
25						
26						
27						

DATE: ………..... …………

	HEURE	NOMBRE DE PERSONNES	NOM	TABLE	TEL	NOTES
1						
2						
3						
4						
5						
6						
7						
8						
9						
10						
11						
12						
13						
14						
15						
16						
17						
18						
19						
20						
21						
22						
23						
24						
25						
26						
27						

DATE: ………..... …………

	HEURE	NOMBRE DE PERSONNES	NOM	TABLE	TEL	NOTES
1						
2						
3						
4						
5						
6						
7						
8						
9						
10						
11						
12						
13						
14						
15						
16						
17						
18						
19						
20						
21						
22						
23						
24						
25						
26						
27						

DATE: ………..... …………

	HEURE	NOMBRE DE PERSONNES	NOM	TABLE	TEL	NOTES
1						
2						
3						
4						
5						
6						
7						
8						
9						
10						
11						
12						
13						
14						
15						
16						
17						
18						
19						
20						
21						
22						
23						
24						
25						
26						
27						

DATE: ………..… …………

	HEURE	NOMBRE DE PERSONNES	NOM	TABLE	TEL	NOTES
1						
2						
3						
4						
5						
6						
7						
8						
9						
10						
11						
12						
13						
14						
15						
16						
17						
18						
19						
20						
21						
22						
23						
24						
25						
26						
27						

DATE: ………..... …………

	HEURE	NOMBRE DE PERSONNES	NOM	TABLE	TEL	NOTES
1						
2						
3						
4						
5						
6						
7						
8						
9						
10						
11						
12						
13						
14						
15						
16						
17						
18						
19						
20						
21						
22						
23						
24						
25						
26						
27						

DATE: ………….. …………

	HEURE	NOMBRE DE PERSONNES	NOM	TABLE	TEL	NOTES
1						
2						
3						
4						
5						
6						
7						
8						
9						
10						
11						
12						
13						
14						
15						
16						
17						
18						
19						
20						
21						
22						
23						
24						
25						
26						
27						

DATE: ………..... …………

	HEURE	NOMBRE DE PERSONNES	NOM	TABLE	TEL	NOTES
1						
2						
3						
4						
5						
6						
7						
8						
9						
10						
11						
12						
13						
14						
15						
16						
17						
18						
19						
20						
21						
22						
23						
24						
25						
26						
27						

DATE: ………..… …………

	HEURE	NOMBRE DE PERSONNES	NOM	TABLE	TEL	NOTES
1						
2						
3						
4						
5						
6						
7						
8						
9						
10						
11						
12						
13						
14						
15						
16						
17						
18						
19						
20						
21						
22						
23						
24						
25						
26						
27						

DATE: ………..... …………

	HEURE	NOMBRE DE PERSONNES	NOM	TABLE	TEL	NOTES
1						
2						
3						
4						
5						
6						
7						
8						
9						
10						
11						
12						
13						
14						
15						
16						
17						
18						
19						
20						
21						
22						
23						
24						
25						
26						
27						

DATE: ………….. …………

	HEURE	NOMBRE DE PERSONNES	NOM	TABLE	TEL	NOTES
1						
2						
3						
4						
5						
6						
7						
8						
9						
10						
11						
12						
13						
14						
15						
16						
17						
18						
19						
20						
21						
22						
23						
24						
25						
26						
27						

DATE: ………..... …………

	HEURE	NOMBRE DE PERSONNES	NOM	TABLE	TEL	NOTES
1						
2						
3						
4						
5						
6						
7						
8						
9						
10						
11						
12						
13						
14						
15						
16						
17						
18						
19						
20						
21						
22						
23						
24						
25						
26						
27						

DATE: ……….…. …………

	HEURE	NOMBRE DE PERSONNES	NOM	TABLE	TEL	NOTES
1						
2						
3						
4						
5						
6						
7						
8						
9						
10						
11						
12						
13						
14						
15						
16						
17						
18						
19						
20						
21						
22						
23						
24						
25						
26						
27						

DATE: ………..... …………

	HEURE	NOMBRE DE PERSONNES	NOM	TABLE	TEL	NOTES
1						
2						
3						
4						
5						
6						
7						
8						
9						
10						
11						
12						
13						
14						
15						
16						
17						
18						
19						
20						
21						
22						
23						
24						
25						
26						
27						

DATE: ………..... …………

	HEURE	NOMBRE DE PERSONNES	NOM	TABLE	TEL	NOTES
1						
2						
3						
4						
5						
6						
7						
8						
9						
10						
11						
12						
13						
14						
15						
16						
17						
18						
19						
20						
21						
22						
23						
24						
25						
26						
27						

DATE: ……….... …………

	HEURE	NOMBRE DE PERSONNES	NOM	TABLE	TEL	NOTES
1						
2						
3						
4						
5						
6						
7						
8						
9						
10						
11						
12						
13						
14						
15						
16						
17						
18						
19						
20						
21						
22						
23						
24						
25						
26						
27						

DATE: ……….... …………

	HEURE	NOMBRE DE PERSONNES	NOM	TABLE	TEL	NOTES
1						
2						
3						
4						
5						
6						
7						
8						
9						
10						
11						
12						
13						
14						
15						
16						
17						
18						
19						
20						
21						
22						
23						
24						
25						
26						
27						

DATE: …………... …………

	HEURE	NOMBRE DE PERSONNES	NOM	TABLE	TEL	NOTES
1						
2						
3						
4						
5						
6						
7						
8						
9						
10						
11						
12						
13						
14						
15						
16						
17						
18						
19						
20						
21						
22						
23						
24						
25						
26						
27						

DATE: ………..…   …………

	HEURE	NOMBRE DE PERSONNES	NOM	TABLE	TEL	NOTES
1						
2						
3						
4						
5						
6						
7						
8						
9						
10						
11						
12						
13						
14						
15						
16						
17						
18						
19						
20						
21						
22						
23						
24						
25						
26						
27						

DATE: ………..... …………

	HEURE	NOMBRE DE PERSONNES	NOM	TABLE	TEL	NOTES
1						
2						
3						
4						
5						
6						
7						
8						
9						
10						
11						
12						
13						
14						
15						
16						
17						
18						
19						
20						
21						
22						
23						
24						
25						
26						
27						

DATE: ………..... …………

	HEURE	NOMBRE DE PERSONNES	NOM	TABLE	TEL	NOTES
1						
2						
3						
4						
5						
6						
7						
8						
9						
10						
11						
12						
13						
14						
15						
16						
17						
18						
19						
20						
21						
22						
23						
24						
25						
26						
27						

DATE: ………..... …………

	HEURE	NOMBRE DE PERSONNES	NOM	TABLE	TEL	NOTES
1						
2						
3						
4						
5						
6						
7						
8						
9						
10						
11						
12						
13						
14						
15						
16						
17						
18						
19						
20						
21						
22						
23						
24						
25						
26						
27						

DATE: ………..... …………

	HEURE	NOMBRE DE PERSONNES	NOM	TABLE	TEL	NOTES
1						
2						
3						
4						
5						
6						
7						
8						
9						
10						
11						
12						
13						
14						
15						
16						
17						
18						
19						
20						
21						
22						
23						
24						
25						
26						
27						

DATE: ………..... …………

	HEURE	NOMBRE DE PERSONNES	NOM	TABLE	TEL	NOTES
1						
2						
3						
4						
5						
6						
7						
8						
9						
10						
11						
12						
13						
14						
15						
16						
17						
18						
19						
20						
21						
22						
23						
24						
25						
26						
27						

DATE: ………..… …………

	HEURE	NOMBRE DE PERSONNES	NOM	TABLE	TEL	NOTES
1						
2						
3						
4						
5						
6						
7						
8						
9						
10						
11						
12						
13						
14						
15						
16						
17						
18						
19						
20						
21						
22						
23						
24						
25						
26						
27						

DATE: ………..... …………

	HEURE	NOMBRE DE PERSONNES	NOM	TABLE	TEL	NOTES
1						
2						
3						
4						
5						
6						
7						
8						
9						
10						
11						
12						
13						
14						
15						
16						
17						
18						
19						
20						
21						
22						
23						
24						
25						
26						
27						

DATE: ……….... …………

	HEURE	NOMBRE DE PERSONNES	NOM	TABLE	TEL	NOTES
1						
2						
3						
4						
5						
6						
7						
8						
9						
10						
11						
12						
13						
14						
15						
16						
17						
18						
19						
20						
21						
22						
23						
24						
25						
26						
27						

DATE: ……….…. …………

	HEURE	NOMBRE DE PERSONNES	NOM	TABLE	TEL	NOTES
1						
2						
3						
4						
5						
6						
7						
8						
9						
10						
11						
12						
13						
14						
15						
16						
17						
18						
19						
20						
21						
22						
23						
24						
25						
26						
27						

DATE: ………..... …………

	HEURE	NOMBRE DE PERSONNES	NOM	TABLE	TEL	NOTES
1						
2						
3						
4						
5						
6						
7						
8						
9						
10						
11						
12						
13						
14						
15						
16						
17						
18						
19						
20						
21						
22						
23						
24						
25						
26						
27						

DATE: ………..... …………

	HEURE	NOMBRE DE PERSONNES	NOM	TABLE	TEL	NOTES
1						
2						
3						
4						
5						
6						
7						
8						
9						
10						
11						
12						
13						
14						
15						
16						
17						
18						
19						
20						
21						
22						
23						
24						
25						
26						
27						

DATE: ………..... …………

	HEURE	NOMBRE DE PERSONNES	NOM	TABLE	TEL	NOTES
1						
2						
3						
4						
5						
6						
7						
8						
9						
10						
11						
12						
13						
14						
15						
16						
17						
18						
19						
20						
21						
22						
23						
24						
25						
26						
27						

DATE: ………..... …………

	HEURE	NOMBRE DE PERSONNES	NOM	TABLE	TEL	NOTES
1						
2						
3						
4						
5						
6						
7						
8						
9						
10						
11						
12						
13						
14						
15						
16						
17						
18						
19						
20						
21						
22						
23						
24						
25						
26						
27						

DATE: ………..... …………

	HEURE	NOMBRE DE PERSONNES	NOM	TABLE	TEL	NOTES
1						
2						
3						
4						
5						
6						
7						
8						
9						
10						
11						
12						
13						
14						
15						
16						
17						
18						
19						
20						
21						
22						
23						
24						
25						
26						
27						

DATE: ……….... …………

	HEURE	NOMBRE DE PERSONNES	NOM	TABLE	TEL	NOTES
1						
2						
3						
4						
5						
6						
7						
8						
9						
10						
11						
12						
13						
14						
15						
16						
17						
18						
19						
20						
21						
22						
23						
24						
25						
26						
27						

DATE: ………..... …………

	HEURE	NOMBRE DE PERSONNES	NOM	TABLE	TEL	NOTES
1						
2						
3						
4						
5						
6						
7						
8						
9						
10						
11						
12						
13						
14						
15						
16						
17						
18						
19						
20						
21						
22						
23						
24						
25						
26						
27						

DATE: ……….... …………

	HEURE	NOMBRE DE PERSONNES	NOM	TABLE	TEL	NOTES
1						
2						
3						
4						
5						
6						
7						
8						
9						
10						
11						
12						
13						
14						
15						
16						
17						
18						
19						
20						
21						
22						
23						
24						
25						
26						
27						

DATE: ………..... …………

	HEURE	NOMBRE DE PERSONNES	NOM	TABLE	TEL	NOTES
1						
2						
3						
4						
5						
6						
7						
8						
9						
10						
11						
12						
13						
14						
15						
16						
17						
18						
19						
20						
21						
22						
23						
24						
25						
26						
27						

DATE: ………..... …………

	HEURE	NOMBRE DE PERSONNES	NOM	TABLE	TEL	NOTES
1						
2						
3						
4						
5						
6						
7						
8						
9						
10						
11						
12						
13						
14						
15						
16						
17						
18						
19						
20						
21						
22						
23						
24						
25						
26						
27						

DATE: ………..... …………

	HEURE	NOMBRE DE PERSONNES	NOM	TABLE	TEL	NOTES
1						
2						
3						
4						
5						
6						
7						
8						
9						
10						
11						
12						
13						
14						
15						
16						
17						
18						
19						
20						
21						
22						
23						
24						
25						
26						
27						

DATE: ………..... …………

	HEURE	NOMBRE DE PERSONNES	NOM	TABLE	TEL	NOTES
1						
2						
3						
4						
5						
6						
7						
8						
9						
10						
11						
12						
13						
14						
15						
16						
17						
18						
19						
20						
21						
22						
23						
24						
25						
26						
27						

DATE: ………..... …………

	HEURE	NOMBRE DE PERSONNES	NOM	TABLE	TEL	NOTES
1						
2						
3						
4						
5						
6						
7						
8						
9						
10						
11						
12						
13						
14						
15						
16						
17						
18						
19						
20						
21						
22						
23						
24						
25						
26						
27						

DATE: ………..... …………

	HEURE	NOMBRE DE PERSONNES	NOM	TABLE	TEL	NOTES
1						
2						
3						
4						
5						
6						
7						
8						
9						
10						
11						
12						
13						
14						
15						
16						
17						
18						
19						
20						
21						
22						
23						
24						
25						
26						
27						

DATE: ………..... …………

	HEURE	NOMBRE DE PERSONNES	NOM	TABLE	TEL	NOTES
1						
2						
3						
4						
5						
6						
7						
8						
9						
10						
11						
12						
13						
14						
15						
16						
17						
18						
19						
20						
21						
22						
23						
24						
25						
26						
27						

DATE: ……….... …………

	HEURE	NOMBRE DE PERSONNES	NOM	TABLE	TEL	NOTES
1						
2						
3						
4						
5						
6						
7						
8						
9						
10						
11						
12						
13						
14						
15						
16						
17						
18						
19						
20						
21						
22						
23						
24						
25						
26						
27						

DATE: ………..... …………

	HEURE	NOMBRE DE PERSONNES	NOM	TABLE	TEL	NOTES
1						
2						
3						
4						
5						
6						
7						
8						
9						
10						
11						
12						
13						
14						
15						
16						
17						
18						
19						
20						
21						
22						
23						
24						
25						
26						
27						

DATE: ………..... …………

	HEURE	NOMBRE DE PERSONNES	NOM	TABLE	TEL	NOTES
1						
2						
3						
4						
5						
6						
7						
8						
9						
10						
11						
12						
13						
14						
15						
16						
17						
18						
19						
20						
21						
22						
23						
24						
25						
26						
27						

DATE: ………..... …………

	HEURE	NOMBRE DE PERSONNES	NOM	TABLE	TEL	NOTES
1						
2						
3						
4						
5						
6						
7						
8						
9						
10						
11						
12						
13						
14						
15						
16						
17						
18						
19						
20						
21						
22						
23						
24						
25						
26						
27						

DATE: ………..... …………

	HEURE	NOMBRE DE PERSONNES	NOM	TABLE	TEL	NOTES
1						
2						
3						
4						
5						
6						
7						
8						
9						
10						
11						
12						
13						
14						
15						
16						
17						
18						
19						
20						
21						
22						
23						
24						
25						
26						
27						

DATE: ………..… …………

	HEURE	NOMBRE DE PERSONNES	NOM	TABLE	TEL	NOTES
1						
2						
3						
4						
5						
6						
7						
8						
9						
10						
11						
12						
13						
14						
15						
16						
17						
18						
19						
20						
21						
22						
23						
24						
25						
26						
27						

DATE: ………..... …………

	HEURE	NOMBRE DE PERSONNES	NOM	TABLE	TEL	NOTES
1						
2						
3						
4						
5						
6						
7						
8						
9						
10						
11						
12						
13						
14						
15						
16						
17						
18						
19						
20						
21						
22						
23						
24						
25						
26						
27						

DATE: ………..... …………

	HEURE	NOMBRE DE PERSONNES	NOM	TABLE	TEL	NOTES
1						
2						
3						
4						
5						
6						
7						
8						
9						
10						
11						
12						
13						
14						
15						
16						
17						
18						
19						
20						
21						
22						
23						
24						
25						
26						
27						

DATE: …………..... …………

	HEURE	NOMBRE DE PERSONNES	NOM	TABLE	TEL	NOTES
1						
2						
3						
4						
5						
6						
7						
8						
9						
10						
11						
12						
13						
14						
15						
16						
17						
18						
19						
20						
21						
22						
23						
24						
25						
26						
27						

DATE: ………..… …………

	HEURE	NOMBRE DE PERSONNES	NOM	TABLE	TEL	NOTES
1						
2						
3						
4						
5						
6						
7						
8						
9						
10						
11						
12						
13						
14						
15						
16						
17						
18						
19						
20						
21						
22						
23						
24						
25						
26						
27						

DATE: ………..... …………

	HEURE	NOMBRE DE PERSONNES	NOM	TABLE	TEL	NOTES
1						
2						
3						
4						
5						
6						
7						
8						
9						
10						
11						
12						
13						
14						
15						
16						
17						
18						
19						
20						
21						
22						
23						
24						
25						
26						
27						

DATE: ………..... …………

	HEURE	NOMBRE DE PERSONNES	NOM	TABLE	TEL	NOTES
1						
2						
3						
4						
5						
6						
7						
8						
9						
10						
11						
12						
13						
14						
15						
16						
17						
18						
19						
20						
21						
22						
23						
24						
25						
26						
27						

DATE: ………..… …………

	HEURE	NOMBRE DE PERSONNES	NOM	TABLE	TEL	NOTES
1						
2						
3						
4						
5						
6						
7						
8						
9						
10						
11						
12						
13						
14						
15						
16						
17						
18						
19						
20						
21						
22						
23						
24						
25						
26						
27						

DATE: ………….... …………

	HEURE	NOMBRE DE PERSONNES	NOM	TABLE	TEL	NOTES
1						
2						
3						
4						
5						
6						
7						
8						
9						
10						
11						
12						
13						
14						
15						
16						
17						
18						
19						
20						
21						
22						
23						
24						
25						
26						
27						

DATE: …………..... …………

	HEURE	NOMBRE DE PERSONNES	NOM	TABLE	TEL	NOTES
1						
2						
3						
4						
5						
6						
7						
8						
9						
10						
11						
12						
13						
14						
15						
16						
17						
18						
19						
20						
21						
22						
23						
24						
25						
26						
27						

DATE: ………..… …………

	HEURE	NOMBRE DE PERSONNES	NOM	TABLE	TEL	NOTES
1						
2						
3						
4						
5						
6						
7						
8						
9						
10						
11						
12						
13						
14						
15						
16						
17						
18						
19						
20						
21						
22						
23						
24						
25						
26						
27						

DATE: ………..... …………

	HEURE	NOMBRE DE PERSONNES	NOM	TABLE	TEL	NOTES
1						
2						
3						
4						
5						
6						
7						
8						
9						
10						
11						
12						
13						
14						
15						
16						
17						
18						
19						
20						
21						
22						
23						
24						
25						
26						
27						

DATE: ………..… …………

	HEURE	NOMBRE DE PERSONNES	NOM	TABLE	TEL	NOTES
1						
2						
3						
4						
5						
6						
7						
8						
9						
10						
11						
12						
13						
14						
15						
16						
17						
18						
19						
20						
21						
22						
23						
24						
25						
26						
27						

DATE: …………..   …………

	HEURE	NOMBRE DE PERSONNES	NOM	TABLE	TEL	NOTES
1						
2						
3						
4						
5						
6						
7						
8						
9						
10						
11						
12						
13						
14						
15						
16						
17						
18						
19						
20						
21						
22						
23						
24						
25						
26						
27						

DATE: ………..... …………

	HEURE	NOMBRE DE PERSONNES	NOM	TABLE	TEL	NOTES
1						
2						
3						
4						
5						
6						
7						
8						
9						
10						
11						
12						
13						
14						
15						
16						
17						
18						
19						
20						
21						
22						
23						
24						
25						
26						
27						

DATE: …………..... …………

	HEURE	NOMBRE DE PERSONNES	NOM	TABLE	TEL	NOTES
1						
2						
3						
4						
5						
6						
7						
8						
9						
10						
11						
12						
13						
14						
15						
16						
17						
18						
19						
20						
21						
22						
23						
24						
25						
26						
27						

DATE: ....

	HEURE	NOMBRE DE PERSONNES	NOM	TABLE	TEL	NOTES
1						
2						
3						
4						
5						
6						
7						
8						
9						
10						
11						
12						
13						
14						
15						
16						
17						
18						
19						
20						
21						
22						
23						
24						
25						
26						
27						

DATE: ………..... …………

	HEURE	NOMBRE DE PERSONNES	NOM	TABLE	TEL	NOTES
1						
2						
3						
4						
5						
6						
7						
8						
9						
10						
11						
12						
13						
14						
15						
16						
17						
18						
19						
20						
21						
22						
23						
24						
25						
26						
27						

DATE: …………..… …………

	HEURE	NOMBRE DE PERSONNES	NOM	TABLE	TEL	NOTES
1						
2						
3						
4						
5						
6						
7						
8						
9						
10						
11						
12						
13						
14						
15						
16						
17						
18						
19						
20						
21						
22						
23						
24						
25						
26						
27						

DATE: ....

	HEURE	NOMBRE DE PERSONNES	NOM	TABLE	TEL	NOTES
1						
2						
3						
4						
5						
6						
7						
8						
9						
10						
11						
12						
13						
14						
15						
16						
17						
18						
19						
20						
21						
22						
23						
24						
25						
26						
27						

DATE: ………..... …………

	HEURE	NOMBRE DE PERSONNES	NOM	TABLE	TEL	NOTES
1						
2						
3						
4						
5						
6						
7						
8						
9						
10						
11						
12						
13						
14						
15						
16						
17						
18						
19						
20						
21						
22						
23						
24						
25						
26						
27						

DATE: ………..... …………

	HEURE	NOMBRE DE PERSONNES	NOM	TABLE	TEL	NOTES
1						
2						
3						
4						
5						
6						
7						
8						
9						
10						
11						
12						
13						
14						
15						
16						
17						
18						
19						
20						
21						
22						
23						
24						
25						
26						
27						

DATE: ………..... …………

	HEURE	NOMBRE DE PERSONNES	NOM	TABLE	TEL	NOTES
1						
2						
3						
4						
5						
6						
7						
8						
9						
10						
11						
12						
13						
14						
15						
16						
17						
18						
19						
20						
21						
22						
23						
24						
25						
26						
27						

DATE: ....

	HEURE	NOMBRE DE PERSONNES	NOM	TABLE	TEL	NOTES
1						
2						
3						
4						
5						
6						
7						
8						
9						
10						
11						
12						
13						
14						
15						
16						
17						
18						
19						
20						
21						
22						
23						
24						
25						
26						
27						

DATE: ………..... …………

	HEURE	NOMBRE DE PERSONNES	NOM	TABLE	TEL	NOTES
1						
2						
3						
4						
5						
6						
7						
8						
9						
10						
11						
12						
13						
14						
15						
16						
17						
18						
19						
20						
21						
22						
23						
24						
25						
26						
27						

DATE: ………..... …………

	HEURE	NOMBRE DE PERSONNES	NOM	TABLE	TEL	NOTES
1						
2						
3						
4						
5						
6						
7						
8						
9						
10						
11						
12						
13						
14						
15						
16						
17						
18						
19						
20						
21						
22						
23						
24						
25						
26						
27						

DATE: ………..... …………

	HEURE	NOMBRE DE PERSONNES	NOM	TABLE	TEL	NOTES
1						
2						
3						
4						
5						
6						
7						
8						
9						
10						
11						
12						
13						
14						
15						
16						
17						
18						
19						
20						
21						
22						
23						
24						
25						
26						
27						

DATE: ………..… …………

	HEURE	NOMBRE DE PERSONNES	NOM	TABLE	TEL	NOTES
1						
2						
3						
4						
5						
6						
7						
8						
9						
10						
11						
12						
13						
14						
15						
16						
17						
18						
19						
20						
21						
22						
23						
24						
25						
26						
27						

DATE: ………..... …………

	HEURE	NOMBRE DE PERSONNES	NOM	TABLE	TEL	NOTES
1						
2						
3						
4						
5						
6						
7						
8						
9						
10						
11						
12						
13						
14						
15						
16						
17						
18						
19						
20						
21						
22						
23						
24						
25						
26						
27						

DATE: ………..... …………

	HEURE	NOMBRE DE PERSONNES	NOM	TABLE	TEL	NOTES
1						
2						
3						
4						
5						
6						
7						
8						
9						
10						
11						
12						
13						
14						
15						
16						
17						
18						
19						
20						
21						
22						
23						
24						
25						
26						
27						

DATE: ………..... …………

	HEURE	NOMBRE DE PERSONNES	NOM	TABLE	TEL	NOTES
1						
2						
3						
4						
5						
6						
7						
8						
9						
10						
11						
12						
13						
14						
15						
16						
17						
18						
19						
20						
21						
22						
23						
24						
25						
26						
27						

DATE: ……….... …………

	HEURE	NOMBRE DE PERSONNES	NOM	TABLE	TEL	NOTES
1						
2						
3						
4						
5						
6						
7						
8						
9						
10						
11						
12						
13						
14						
15						
16						
17						
18						
19						
20						
21						
22						
23						
24						
25						
26						
27						

DATE: ………..… …………

	HEURE	NOMBRE DE PERSONNES	NOM	TABLE	TEL	NOTES
1						
2						
3						
4						
5						
6						
7						
8						
9						
10						
11						
12						
13						
14						
15						
16						
17						
18						
19						
20						
21						
22						
23						
24						
25						
26						
27						

DATE: ……….... …………

	HEURE	NOMBRE DE PERSONNES	NOM	TABLE	TEL	NOTES
1						
2						
3						
4						
5						
6						
7						
8						
9						
10						
11						
12						
13						
14						
15						
16						
17						
18						
19						
20						
21						
22						
23						
24						
25						
26						
27						

DATE: ………….... …………

	HEURE	NOMBRE DE PERSONNES	NOM	TABLE	TEL	NOTES
1						
2						
3						
4						
5						
6						
7						
8						
9						
10						
11						
12						
13						
14						
15						
16						
17						
18						
19						
20						
21						
22						
23						
24						
25						
26						
27						

DATE: ……….... …………

	HEURE	NOMBRE DE PERSONNES	NOM	TABLE	TEL	NOTES
1						
2						
3						
4						
5						
6						
7						
8						
9						
10						
11						
12						
13						
14						
15						
16						
17						
18						
19						
20						
21						
22						
23						
24						
25						
26						
27						

DATE: ………..... …………

	HEURE	NOMBRE DE PERSONNES	NOM	TABLE	TEL	NOTES
1						
2						
3						
4						
5						
6						
7						
8						
9						
10						
11						
12						
13						
14						
15						
16						
17						
18						
19						
20						
21						
22						
23						
24						
25						
26						
27						

DATE: …………... …………

	HEURE	NOMBRE DE PERSONNES	NOM	TABLE	TEL	NOTES
1						
2						
3						
4						
5						
6						
7						
8						
9						
10						
11						
12						
13						
14						
15						
16						
17						
18						
19						
20						
21						
22						
23						
24						
25						
26						
27						

DATE: ………..... …………

	HEURE	NOMBRE DE PERSONNES	NOM	TABLE	TEL	NOTES
1						
2						
3						
4						
5						
6						
7						
8						
9						
10						
11						
12						
13						
14						
15						
16						
17						
18						
19						
20						
21						
22						
23						
24						
25						
26						
27						

DATE: ………..... …………

	HEURE	NOMBRE DE PERSONNES	NOM	TABLE	TEL	NOTES
1						
2						
3						
4						
5						
6						
7						
8						
9						
10						
11						
12						
13						
14						
15						
16						
17						
18						
19						
20						
21						
22						
23						
24						
25						
26						
27						

DATE: ……….... …………

	HEURE	NOMBRE DE PERSONNES	NOM	TABLE	TEL	NOTES
1						
2						
3						
4						
5						
6						
7						
8						
9						
10						
11						
12						
13						
14						
15						
16						
17						
18						
19						
20						
21						
22						
23						
24						
25						
26						
27						

DATE: ………..... …………

	HEURE	NOMBRE DE PERSONNES	NOM	TABLE	TEL	NOTES
1						
2						
3						
4						
5						
6						
7						
8						
9						
10						
11						
12						
13						
14						
15						
16						
17						
18						
19						
20						
21						
22						
23						
24						
25						
26						
27						

DATE: ………..... …………

	HEURE	NOMBRE DE PERSONNES	NOM	TABLE	TEL	NOTES
1						
2						
3						
4						
5						
6						
7						
8						
9						
10						
11						
12						
13						
14						
15						
16						
17						
18						
19						
20						
21						
22						
23						
24						
25						
26						
27						

DATE: ………..... …………

	HEURE	NOMBRE DE PERSONNES	NOM	TABLE	TEL	NOTES
1						
2						
3						
4						
5						
6						
7						
8						
9						
10						
11						
12						
13						
14						
15						
16						
17						
18						
19						
20						
21						
22						
23						
24						
25						
26						
27						

DATE: ………..… …………

	HEURE	NOMBRE DE PERSONNES	NOM	TABLE	TEL	NOTES
1						
2						
3						
4						
5						
6						
7						
8						
9						
10						
11						
12						
13						
14						
15						
16						
17						
18						
19						
20						
21						
22						
23						
24						
25						
26						
27						

DATE: ………..... …………

	HEURE	NOMBRE DE PERSONNES	NOM	TABLE	TEL	NOTES
1						
2						
3						
4						
5						
6						
7						
8						
9						
10						
11						
12						
13						
14						
15						
16						
17						
18						
19						
20						
21						
22						
23						
24						
25						
26						
27						

DATE: ………..... …………

	HEURE	NOMBRE DE PERSONNES	NOM	TABLE	TEL	NOTES
1						
2						
3						
4						
5						
6						
7						
8						
9						
10						
11						
12						
13						
14						
15						
16						
17						
18						
19						
20						
21						
22						
23						
24						
25						
26						
27						

DATE: ………..… …………

	HEURE	NOMBRE DE PERSONNES	NOM	TABLE	TEL	NOTES
1						
2						
3						
4						
5						
6						
7						
8						
9						
10						
11						
12						
13						
14						
15						
16						
17						
18						
19						
20						
21						
22						
23						
24						
25						
26						
27						

DATE: ………..… …………

	HEURE	NOMBRE DE PERSONNES	NOM	TABLE	TEL	NOTES
1						
2						
3						
4						
5						
6						
7						
8						
9						
10						
11						
12						
13						
14						
15						
16						
17						
18						
19						
20						
21						
22						
23						
24						
25						
26						
27						

DATE: ………..... …………

	HEURE	NOMBRE DE PERSONNES	NOM	TABLE	TEL	NOTES
1						
2						
3						
4						
5						
6						
7						
8						
9						
10						
11						
12						
13						
14						
15						
16						
17						
18						
19						
20						
21						
22						
23						
24						
25						
26						
27						

DATE: ………..... …………

	HEURE	NOMBRE DE PERSONNES	NOM	TABLE	TEL	NOTES
1						
2						
3						
4						
5						
6						
7						
8						
9						
10						
11						
12						
13						
14						
15						
16						
17						
18						
19						
20						
21						
22						
23						
24						
25						
26						
27						

DATE: …………..... …………

	HEURE	NOMBRE DE PERSONNES	NOM	TABLE	TEL	NOTES
1						
2						
3						
4						
5						
6						
7						
8						
9						
10						
11						
12						
13						
14						
15						
16						
17						
18						
19						
20						
21						
22						
23						
24						
25						
26						
27						

DATE: ………..... …………

	HEURE	NOMBRE DE PERSONNES	NOM	TABLE	TEL	NOTES
1						
2						
3						
4						
5						
6						
7						
8						
9						
10						
11						
12						
13						
14						
15						
16						
17						
18						
19						
20						
21						
22						
23						
24						
25						
26						
27						

DATE: ……….... …………

	HEURE	NOMBRE DE PERSONNES	NOM	TABLE	TEL	NOTES
1						
2						
3						
4						
5						
6						
7						
8						
9						
10						
11						
12						
13						
14						
15						
16						
17						
18						
19						
20						
21						
22						
23						
24						
25						
26						
27						

DATE: ………..... …………

	HEURE	NOMBRE DE PERSONNES	NOM	TABLE	TEL	NOTES
1						
2						
3						
4						
5						
6						
7						
8						
9						
10						
11						
12						
13						
14						
15						
16						
17						
18						
19						
20						
21						
22						
23						
24						
25						
26						
27						

DATE: ………..... …………

	HEURE	NOMBRE DE PERSONNES	NOM	TABLE	TEL	NOTES
1						
2						
3						
4						
5						
6						
7						
8						
9						
10						
11						
12						
13						
14						
15						
16						
17						
18						
19						
20						
21						
22						
23						
24						
25						
26						
27						

DATE: ………..... …………

	HEURE	NOMBRE DE PERSONNES	NOM	TABLE	TEL	NOTES
1						
2						
3						
4						
5						
6						
7						
8						
9						
10						
11						
12						
13						
14						
15						
16						
17						
18						
19						
20						
21						
22						
23						
24						
25						
26						
27						

DATE: ………..… …………

	HEURE	NOMBRE DE PERSONNES	NOM	TABLE	TEL	NOTES
1						
2						
3						
4						
5						
6						
7						
8						
9						
10						
11						
12						
13						
14						
15						
16						
17						
18						
19						
20						
21						
22						
23						
24						
25						
26						
27						

DATE: ………..… …………

	HEURE	NOMBRE DE PERSONNES	NOM	TABLE	TEL	NOTES
1						
2						
3						
4						
5						
6						
7						
8						
9						
10						
11						
12						
13						
14						
15						
16						
17						
18						
19						
20						
21						
22						
23						
24						
25						
26						
27						

DATE: ………..... …………

	HEURE	NOMBRE DE PERSONNES	NOM	TABLE	TEL	NOTES
1						
2						
3						
4						
5						
6						
7						
8						
9						
10						
11						
12						
13						
14						
15						
16						
17						
18						
19						
20						
21						
22						
23						
24						
25						
26						
27						

DATE: ………..… …………

	HEURE	NOMBRE DE PERSONNES	NOM	TABLE	TEL	NOTES
1						
2						
3						
4						
5						
6						
7						
8						
9						
10						
11						
12						
13						
14						
15						
16						
17						
18						
19						
20						
21						
22						
23						
24						
25						
26						
27						

DATE: ………..... …………

	HEURE	NOMBRE DE PERSONNES	NOM	TABLE	TEL	NOTES
1						
2						
3						
4						
5						
6						
7						
8						
9						
10						
11						
12						
13						
14						
15						
16						
17						
18						
19						
20						
21						
22						
23						
24						
25						
26						
27						

DATE: ………..… …………

	HEURE	NOMBRE DE PERSONNES	NOM	TABLE	TEL	NOTES
1						
2						
3						
4						
5						
6						
7						
8						
9						
10						
11						
12						
13						
14						
15						
16						
17						
18						
19						
20						
21						
22						
23						
24						
25						
26						
27						

DATE: …………..... …………

	HEURE	NOMBRE DE PERSONNES	NOM	TABLE	TEL	NOTES
1						
2						
3						
4						
5						
6						
7						
8						
9						
10						
11						
12						
13						
14						
15						
16						
17						
18						
19						
20						
21						
22						
23						
24						
25						
26						
27						

DATE: ………..… …………

	HEURE	NOMBRE DE PERSONNES	NOM	TABLE	TEL	NOTES
1						
2						
3						
4						
5						
6						
7						
8						
9						
10						
11						
12						
13						
14						
15						
16						
17						
18						
19						
20						
21						
22						
23						
24						
25						
26						
27						

DATE: ………..... …………

	HEURE	NOMBRE DE PERSONNES	NOM	TABLE	TEL	NOTES
1						
2						
3						
4						
5						
6						
7						
8						
9						
10						
11						
12						
13						
14						
15						
16						
17						
18						
19						
20						
21						
22						
23						
24						
25						
26						
27						

DATE: ………..… …………

	HEURE	NOMBRE DE PERSONNES	NOM	TABLE	TEL	NOTES
1						
2						
3						
4						
5						
6						
7						
8						
9						
10						
11						
12						
13						
14						
15						
16						
17						
18						
19						
20						
21						
22						
23						
24						
25						
26						
27						

DATE: ………..... …………

	HEURE	NOMBRE DE PERSONNES	NOM	TABLE	TEL	NOTES
1						
2						
3						
4						
5						
6						
7						
8						
9						
10						
11						
12						
13						
14						
15						
16						
17						
18						
19						
20						
21						
22						
23						
24						
25						
26						
27						

DATE: …………..… …………

	HEURE	NOMBRE DE PERSONNES	NOM	TABLE	TEL	NOTES
1						
2						
3						
4						
5						
6						
7						
8						
9						
10						
11						
12						
13						
14						
15						
16						
17						
18						
19						
20						
21						
22						
23						
24						
25						
26						
27						

DATE: ………..... …………

	HEURE	NOMBRE DE PERSONNES	NOM	TABLE	TEL	NOTES
1						
2						
3						
4						
5						
6						
7						
8						
9						
10						
11						
12						
13						
14						
15						
16						
17						
18						
19						
20						
21						
22						
23						
24						
25						
26						
27						

DATE: ………..... …………

	HEURE	NOMBRE DE PERSONNES	NOM	TABLE	TEL	NOTES
1						
2						
3						
4						
5						
6						
7						
8						
9						
10						
11						
12						
13						
14						
15						
16						
17						
18						
19						
20						
21						
22						
23						
24						
25						
26						
27						

DATE: ………..... …………

	HEURE	NOMBRE DE PERSONNES	NOM	TABLE	TEL	NOTES
1						
2						
3						
4						
5						
6						
7						
8						
9						
10						
11						
12						
13						
14						
15						
16						
17						
18						
19						
20						
21						
22						
23						
24						
25						
26						
27						

DATE: ………..… …………

	HEURE	NOMBRE DE PERSONNES	NOM	TABLE	TEL	NOTES
1						
2						
3						
4						
5						
6						
7						
8						
9						
10						
11						
12						
13						
14						
15						
16						
17						
18						
19						
20						
21						
22						
23						
24						
25						
26						
27						

DATE: ………..... …………

	HEURE	NOMBRE DE PERSONNES	NOM	TABLE	TEL	NOTES
1						
2						
3						
4						
5						
6						
7						
8						
9						
10						
11						
12						
13						
14						
15						
16						
17						
18						
19						
20						
21						
22						
23						
24						
25						
26						
27						

DATE: …………..... …………

	HEURE	NOMBRE DE PERSONNES	NOM	TABLE	TEL	NOTES
1						
2						
3						
4						
5						
6						
7						
8						
9						
10						
11						
12						
13						
14						
15						
16						
17						
18						
19						
20						
21						
22						
23						
24						
25						
26						
27						

DATE: ………..... …………

	HEURE	NOMBRE DE PERSONNES	NOM	TABLE	TEL	NOTES
1						
2						
3						
4						
5						
6						
7						
8						
9						
10						
11						
12						
13						
14						
15						
16						
17						
18						
19						
20						
21						
22						
23						
24						
25						
26						
27						

DATE: ………..… …………

	HEURE	NOMBRE DE PERSONNES	NOM	TABLE	TEL	NOTES
1						
2						
3						
4						
5						
6						
7						
8						
9						
10						
11						
12						
13						
14						
15						
16						
17						
18						
19						
20						
21						
22						
23						
24						
25						
26						
27						

DATE: ………..... …………

	HEURE	NOMBRE DE PERSONNES	NOM	TABLE	TEL	NOTES
1						
2						
3						
4						
5						
6						
7						
8						
9						
10						
11						
12						
13						
14						
15						
16						
17						
18						
19						
20						
21						
22						
23						
24						
25						
26						
27						

DATE: ………..... …………

	HEURE	NOMBRE DE PERSONNES	NOM	TABLE	TEL	NOTES
1						
2						
3						
4						
5						
6						
7						
8						
9						
10						
11						
12						
13						
14						
15						
16						
17						
18						
19						
20						
21						
22						
23						
24						
25						
26						
27						

DATE: …………..... …………

	HEURE	NOMBRE DE PERSONNES	NOM	TABLE	TEL	NOTES
1						
2						
3						
4						
5						
6						
7						
8						
9						
10						
11						
12						
13						
14						
15						
16						
17						
18						
19						
20						
21						
22						
23						
24						
25						
26						
27						

DATE: ………..... …………

	HEURE	NOMBRE DE PERSONNES	NOM	TABLE	TEL	NOTES
1						
2						
3						
4						
5						
6						
7						
8						
9						
10						
11						
12						
13						
14						
15						
16						
17						
18						
19						
20						
21						
22						
23						
24						
25						
26						
27						

DATE: …………..… …………

	HEURE	NOMBRE DE PERSONNES	NOM	TABLE	TEL	NOTES
1						
2						
3						
4						
5						
6						
7						
8						
9						
10						
11						
12						
13						
14						
15						
16						
17						
18						
19						
20						
21						
22						
23						
24						
25						
26						
27						

www.ingramcontent.com/pod-product-compliance
Lightning Source LLC
Chambersburg PA
CBHW060413220526
45465CB00008B/2867